Estrela da tarde

Manuel Bandeira em Petrópolis, fevereiro de 1949.

Manuel Bandeira na década de 1910.

O poeta na década de 1920.

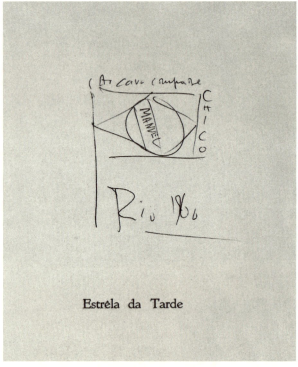

Frontispício da primeira edição de *Estrela da tarde*, publicada em 1960, com dedicatória do poeta a Francisco de Assis Barbosa.

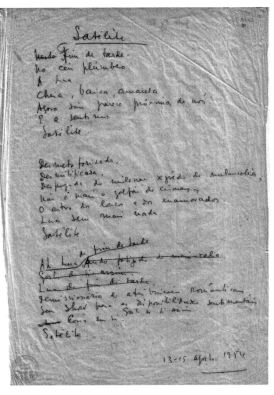

Manuscrito do poema "Satélite".

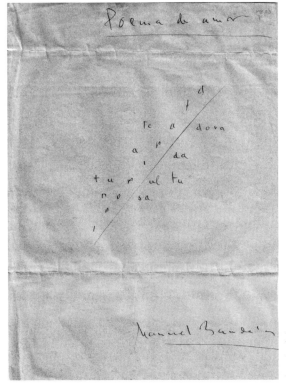

Manuscrito do poema "Rosa tumultuada", aqui com o título "Poema de amor".

Manuel Bandeira em
São Lourenço.

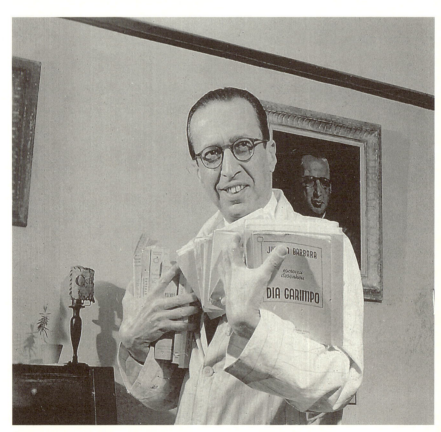

Segurando livros, dentre eles *Dia garimpo*, da poetisa Julieta Bárbara.

Manuel Bandeira e Carlos Drummond de Andrade, Rio de Janeiro, 1955.

É um crucifixo de marfim
Ligeiramente amarelado,
Pátina do tempo escoado.
Sempre o vi patinado assim.

Mãe, irmã, pai meus estreitado
Tiveram-no ao chegar o fim.
Hoje, em meu quarto colocado,
Ei-lo velando sobre mim.

Em Teresópolis, 1966.

Manuel Bandeira

Estrela da tarde

Apresentação
Davi Arrigucci Jr.

Coordenação Editorial
André Seffrin

São Paulo
2012

© Condomínio dos Proprietários dos Direitos
Intelectuais de Manuel Bandeira

Direitos cedidos por Solombra – Agência
Literária (solombra@solombra.org)

3ª Edição, Global Editora, São Paulo 2012

- JEFFERSON L. ALVES
  Diretor Editorial

- GUSTAVO HENRIQUE TUNA
  Editor Assistente

- ANDRÉ SEFFRIN
  Coordenação Editorial,
  Estabelecimento de Texto,
  Cronologia e Bibliografia

- FLÁVIO SAMUEL
  Gerente de Produção

- TATIANA F. SOUZA
  Assistente Editorial

- TATIANA Y. TANAKA
  Revisão

- EDUARDO OKUNO
  Projeto Gráfico

Imagens:
p. 4: reprodução fotográfica de Lucia Loeb de exemplar da Biblioteca Brasiliana Guita e José Mindlin.

As demais imagens presentes neste volume pertencem ao Acervo pessoal de Manuel Bandeira, ora em guarda no Arquivo-Museu de Literatura Brasileira/ Fundação Casa de Rui Barbosa-RJ. *Todas as iniciativas foram tomadas no sentido de estabelecer-se as suas autorias, o que não foi possível em todos os casos. Caso os autores se manifestem, a editora dispõe-se a creditá-los.*

Capa: *Manchete*; p. 3 (sup.): G. Huebner, Amaral e Cia.; p. 8: Juvenil de Sousa/*Manchete*.

A Global Editora agradece à Solombra – Agência Literária pela gentil cessão dos direitos de imagem de Manuel Bandeira.

CIP BRASIL. Catalogação na fonte
Sindicato Nacional dos Editores de Livros, RJ

B166e

Bandeira, Manuel, 1886-1968
    Estrela da tarde / Manuel Bandeira; apresentação Davi Arrigucci Jr. – [3.ed.] – São Paulo : Global, 2012.

    ISBN 978-85-260-1702-3

    1. Poesia brasileira. I. Título.

12-2310.   CDD: 869.91
                                            CDU: 821.134.3(81)-1

12.04.12 13.04.12   034542

Direitos Reservados

**Global Editora e
Distribuidora Ltda.**
Rua Pirapitingui, 111 – Liberdade
CEP 01508-020 – São Paulo – SP
Tel.: (11) 3277-7999 – Fax: (11) 3277-8141
e-mail: global@globaleditora.com.br
www.globaleditora.com.br

*Colabore com a produção científica e cultural.
Proibida a reprodução total ou parcial desta obra sem a
autorização do editor.*

Obra atualizada
conforme o
**Novo Acordo
Ortográfico da
Língua
Portuguesa**

Nº de Catálogo: 3398

Estrela da tarde

Por fim, mais luz

Estrela da tarde, a penúltima coletânea de versos de Manuel Bandeira em vida, foi publicada seis anos antes da reunião de todo o seu legado poético na *Estrela da vida inteira* e oito anos antes de sua morte em 1968. Representa um alto momento de síntese em forma despojada: ponto luminoso de sua arte de poeta e de tradutor de poesia, mas também aceno de despedida depois de extenso e bem cumprido itinerário e de uma obrigada convivência com a ideia de morrer. Condenado à morte na adolescência, seguiu sereno o seu caminho.

Basta um único grande poema deste livro, como "Preparação para a morte", para se avaliar o que nos aguarda sob a luz desta estrela de fim de tarde. Símbolo recorrente da obra bandeiriana, neste calmo crepúsculo, a estrela parece evocar em surdina, em sutil contraponto, a desesperada busca pela luminosa e ardente aparição da *Estrela da manhã*. Mas não perdeu sua força simbólica; sozinha no escurecer, ela faz rebrilhar ainda e para sempre a mesma fusão intensa, apaixonada, surpreendente, de desejo e destruição que está, para o poeta, na raiz de todo alumbramento e de toda poesia.

Ao termo de sua longa existência provisória, em que driblou a tuberculose, doença na época fatal, a síntese significa agora para Bandeira o derradeiro remanso da experiência vivida, quando é preciso rememorar: é o instante de lembrar os amigos queridos, como Jaime Ovalle ou Mário de Andrade; de louvar os pares, sejam eles os poetas populares do Nordeste ou gente como Rachel de Queiroz e Drummond; de recolher na tranquilidade da contemplação as ardências do beco do passado ou de dar vida nova ao motivo recorrente do *Ubi sunt?*. É também o momento de continuar arriscando em composições inovadoras em que as palavras *desconstelizadas*, na expressão de Haroldo de Campos, assumem posturas inéditas no espaço branco da página, aproximando-se dos experimentos da poesia concreta, como em "A onda" ou em "Verde-negro". Mas é principalmente o momento de apurar a mão para exprimir a densa substância do que ficou de tudo por meio de palavras essenciais: as únicas capazes de guardar com a pureza da coisa em si os desconcertantes mistérios do mundo.

O seco e despido erotismo de poemas como "A ninfa", "Ad instar Delphini" ou da admirável "Peregrinação", que termina com um de seus versos mais belos, revela que o poeta soube reter a magia dos jogos aprendidos nas lides do corpo e da linguagem pela vida afora. Além disso, porém, na carnadura concreta da linguagem, demonstra mais uma vez como aprendeu a enlaçar profundamente amor e morte, convertendo o que possa haver de mais complexo na condição humana na mais rara e límpida simplicidade. É como se o erotismo ajudasse a compreender a própria naturalidade da morte, tornando-a familiar e aceitável na ordem das coisas. Na visão do poeta, ela chega de fato como uma bênção para nos livrar dos milagres que nos cercam e não conseguimos entender. E tudo isso nos diz com as palavras mais corriqueiras, perto do mais chão cotidiano, aproximando-nos, como num fraterno abraço universal, do que pode haver de mais difícil, dos próprios limites do que já não se pode dizer, do inacessível que jaz no fundo de todo desejo e a luz das estrelas não nos deixa esquecer.

A capacidade de exprimir coisas difíceis através das palavras mais singelas é, como se sabe, um dos maiores feitos poéticos de Bandeira. E este livro é uma demonstração cabal dessa força poética que ele logrou obter com a depuração dos anos, como um fruto maduro da experiência e da luta pertinaz pela expressão, de que nos deixou testemunho no *Itinerário de Pasárgada*. Ao dar voz ao que se decantou da lenta passagem do tempo, aplicou-se também em decantar a expressão, cioso como sempre dos pequeninos nadas que podem estropiar um verso, de que ali nos fala. É exatamente pelo dom casado sempre ao apuro de fábrica que ele se coloca entre os grandes poetas que realizaram a magia de traduzir o complexo no simples, para reforço da emoção e poder do encanto verbal. Não há com certeza outro modo de potenciar a forma depurada para guardar os máximos segredos, aqueles que condensados no mais exíguo e preciso formato recebemos pelo fascínio da leitura como uma dádiva dos deuses, o dom do poema.

Estrela da tarde resume assim o percurso de um homem e de um extraordinário artista que muito aprendeu de sua sofrida, mas também generosa existência. Alguém que soube conquistar a duras penas uma forma de dizer, com a intensidade e os riscos do alumbramento, para transfundir tudo quanto o tocou nas palavras comuns de todo dia. Última e brilhante condensação das forças da vida no exato limiar da morte, a qual, tantas vezes ludibriada, o poeta com resignação e algum enfado decidiu receber afinal, aos 82 anos desta "madrasta vida".

Davi Arrigucci Jr.

Estrela da tarde

Acalanto
Para as mães que perderam o seu menino

Dorme, dorme, dorme...
Quem te alisa a testa
Não é Malatesta,
Nem Pantagruel
– O poeta enorme.
Quem te alisa a testa
É aquele que vive
Sempre adolescente
Nos oásis mais frescos
De tua lembrança.

Dorme, ele te nina.

Te nina, te conta
– Sabes como é –,
Te conta a experiência
Do vário passado,
Das várias idades.
Te oferece a aurora
Do primeiro riso.
Te oferece o esmalte
Do primeiro dente.

A dor passará,
Como antigamente
Quando ele chegava.

Dorme... Ele te nina
Como se hoje fosses
A sua menina.

Satélite

Fim de tarde.
No céu plúmbeo
A Lua baça
Paira
Muito cosmograficamente
Satélite.

Desmetaforizada,
Desmitificada,
Despojada do velho segredo de melancolia,
Não é agora o golfão de cismas,
O astro dos loucos e dos enamorados.
Mas tão somente
Satélite.

Ah Lua deste fim de tarde,
Demissionária de atribuições românticas,
Sem show para as disponibilidades sentimentais!

Fatigado de mais-valia,
Gosto de ti assim:
Coisa em si,
– Satélite.

Ovalle

Estavas bem mudado.
Como se tivesses posto aquelas barbas brancas
Para entrar com maior decoro a Eternidade.

Nada de nós te interessava agora.
Calavas sereno e grave
Como no fundo foste sempre
Sob as fantasias verbais enormes
Que faziam rir os teus amigos e
Punham bondade no coração dos maus.

O padre orava:
– "O coro de todos os anjos te receba..."
Pensei comigo:
Cantando "Estrela brilhante
Lá do alto-mar!..."

Levamos-te cansado ao teu último endereço.
Vi com prazer
Que um dia afinal seremos vizinhos.
Conversaremos longamente
De sepultura a sepultura
No silêncio das madrugadas
Quando o orvalho pingar sem ruído
E o luar for uma coisa só.

A anunciação

Seis meses passados sobre
A angélica anunciação
Do nascimento de João,
Santo filho de Isabel,
Baixou o arcanjo Gabriel
À Galileia e na casa
Do carpinteiro José
Entrou e diante da virgem
Desposada com o varão
– Maria ela se chamava –
Curvou-se em genuflexão,
Dizendo com voz suave
Mais que a aura da manhã: "Ave,
Maria cheia de graça!
Nosso Senhor é contigo,
Tu bendita entre as mulheres."
E ela, vendo-o assim, turbou-se
Muito de suas palavras.
Mas o anjo, tranquilizando-a,
Falou: "Maria, não temas:
Deus escolheu-te, a mais pura
Entre todas as mulheres,
Para um filho conceberes
No teu ventre e, dado à luz,

O chamarás de Jesus:
O santo Deus fá-lo-á grande,
Dar-lhe-á o trono de Davi,
Seu reino não terá fim."
E disse Maria ao anjo:
"Como pode ser assim,
Se não conheço varão?"
E, respondendo, o anjo disse-lhe:
"Descerá sobre ti o Espírito
Santo e a virtude do Altíssimo
Te cobrirá com sua sombra;
Pelo que também o Santo
Que de ti há de nascer,
Filho de Deus terá nome,
Com ser filho de mulher.
Pois tua prima Isabel
Não concebeu na velhice,
Sendo estéril? A Deus nada
É impossível." O anjo disse
E afastou-se de Maria.
Como no extremo horizonte
A primeira, desmaiada
Celagem da madrugada,
Duas rosas transluziram

Nas faces da Virgem pura:
Já era Jesus no seu sangue,
Antes de, infinito Espírito
Mudado em corpo finito,
Se fixar em forma humana
Na matriz santificada.

Letra para Heitor dos Prazeres

–   Juriti-pepena,
Tão perto do fim...
–   Grande é minha pena,
Nem há outra assim!
–   Juriti-pepena,
Qual é tua pena?
Conta para mim!
–   Não posso, me'irmão,
Que ela está lá dentro,
Muito lá no fundo
De meu coração.
–   Juriti-pepena,
É pena de amor?
–   Não, é de paixão.
–   Ah, agora te entendo:
Não há maior pena.
Pobre, pobre, pobre
Juriti-pepena!

A ninfa

Estranha volta ao lar naquele dia!
Tornava o filho pródigo à paterna
Casa, e não via em nada a antiga e terna
Jubilação da instante cotovia.

Antes, em tudo a igual monotonia,
Tanto mais flébil quanto mais eterna.
A ninfa estava ali. Que alvor de perna!
Mas, em compensação, como era fria!

Ao vê-la assim, calou-se no passado
A voz que nunca ouviu sem que direito
Lhe fosse ao coração. Logo a seu lado

Buliu na luz do lar, na luz do leito,
Como um brasão de timbre indecifrado,
O ruivo, raro isóscele perfeito.

Ad instar Delphini

Teus pés são voluptuosos: é por isso
Que andas com tanta graça, ó Cassiopeia!
De onde te vem tal chama e tal feitiço,
Que dás ideia ao corpo, e corpo à ideia?

Camões, valei-me! Adamastor, Magriço,
Dai-me força, e tu, Vênus Citereia,
Essa doçura, esse imortal derriço...
Quero também compor minha epopeia!

Não cantarei Helena e a antiga Troia,
Nem as Missões e a nacional Lindoia,
Nem Deus, nem Diacho! Quero, oh por quem és,

Flor ou mulher, chave do meu destino,
Quero cantar, como cantou Delfino,
As duas curvas de dois brancos pés!

Vita nuova

De onde me veio esse tremor de ninho
A alvorecer na morta madrugada?
Era todo o meu ser... Não era nada,
Senão na pele a sombra de um carinho.

Ah, bem velho carinho! Um desalinho
De dedos tontos no painel da escada...
Batia a minha cor multiplicada,
– Era o sangue de Deus mudado em vinho!

Bandeiras tatalavam no alto mastro
Do meu desejo. No fervor da espera
Clareou à distância o súbito alabastro.

E na memória, em nova primavera,
Reviveceu, candente como um astro,
A flor do sonho, o sonho da quimera.

Versos para Joaquim

Joaquim, a vontade do Senhor é às vezes difícil de
[aceitar.
Tanto Simeão desejoso de ouvir o celeste chamado!
Por que então chamar a que estava apenas a meio
[de sua tarefa?
A indispensável?
A insubstituível?
(Por isso sorri com lágrimas quando te vi, antes da
[missa, ajeitar o laço de fita
[nos cabelos de tua caçulinha.)
Ah, bem sei, Joaquim, que o teu coração é tão grande
[quanto o da mãe melhor.
Mas que tristeza! Ela foi demais, estou de mal com
[Deus.
– Joaquim, a vontade do Senhor é às vezes inaceitável.

Variações sérias em forma de soneto

Vejo mares tranquilos, que repousam,
Atrás dos olhos das meninas sérias.
Alto e longe elas olham, mas não ousam
Olhar a quem as olha, e ficam sérias.

Nos recantos dos lábios se lhes pousam
Uns anjos invisíveis. Mas tão sérias
São, alto e longe, que nem eles ousam
Dar um sorriso àquelas bocas sérias.

Em que pensais, meninas, se repousam
Os meus olhos nos vossos? Eles ousam
Entrar paragens tristes de tão sérias!

Mas poderei dizer-vos que eles ousam?
Ou vão, por injunções muito mais sérias,
Lustrar pecados que jamais repousam?

Antônia

Amei Antônia de maneira insensata.
Antônia morava numa casa que para mim não era
[casa, era um empíreo.
Mas os anos foram passando.
Os anos são inexoráveis.
Antônia morreu.
A casa em que Antônia morava foi posta abaixo.
Eu mesmo já não sou aquele que amou Antônia e
[que Antônia não amou.

Aliás, previno, muito humildemente, que isto não é
[crônica nem poema.
É apenas
Uma nova versão, a mais recente, do tema *ubi sunt*,
Que dedico, ofereço e consagro
A meu dileto amigo Augusto Meyer.

Passeio em São Paulo

Settembre. Andiamo. È tempo di migrare.
A rainha, em São Paulo, chama-me.
É agora Maria Cacilda Stuart
E fala com sotaque voluntarioso,
Não paulista nem catarinense:
Acento beckeriano (com ck, não cqu),
que suscita infartos de alma,
Tão imperativos quanto os do miocárdio.
Saio do hotel com quatro olhos,
– Dois do presente,
Dois do passado.
Anhangabaú que já não é *dos suicídios passionais*!
O Hotel Esplanada virou catacumba.
Enfim a Rua Direita!
A minha Rua Direita!
Que saudades tinha dela!
Ainda existe a Casa Kosmos, mas
Não tem impermeáveis em liquidação.
Praça Antônio Prado, onde
Tudo é novo, salvo aquela meia dúzia de sobradinhos.
Montanha-russa da Avenida São João!
O *anjo cor-de-rosa* não é mais cor-de-rosa:
O tempo patinou-o de negro.
Almoço com Di,

Que hoje é Emiliano di Cavalcanti.
Volto ao hotel pelo Anhangabaú.
Onde as *Juvenilidades auriverdes?* Onde
A passiflora? o espanto? a loucura? o desejo?
Ubi sunt?
Ubi sum?
– Obrigado, Mário, pela tua companhia.

Embalo

No balanço das águas,
Ao trépido pulsar
Da máquina, embalar
As persistentes mágoas
Das peremptas feridas...
Beber o céu nos ventos
Sabendo a sonolentos
Sais e iodados relentos.
Anseios de insofridas
Esperas e esperanças
Diluem-se na bruma
Como na vaga a espuma
– Flores de espumas mansas –
Que a um lado e outro abotoa
Da cortadora proa.
Azuis de águas e céus...
Sou nada, e entanto agora
Eis-me centro finito
Do círculo infinito
De mar e céus afora.
– Estou onde está Deus.

A lua

A proa reta abre no oceano
Um tumulto de espumas pampas.
Delas nascer parece a esteira
Do luar sobre as águas mansas.

O mar jaz como um céu tombado.
Ora é o céu que é um mar, onde a lua,
A só, silente louca, emerge
Das ondas-nuvens, toda nua.

Elegia de Londres

Ovalle, irmãozinho, diz, *du sein de Dieu où tu reposes*,
Ainda te lembras de Londres e suas luas?
Custa-me imaginar-te aqui
– Londres é *troppo* imensa –
Com teu impossível amor, tuas certezas e tuas
[ignorâncias.
Tu, Santo da Ladeira e pecador da Rua Conde de
[Laje,
Que de madrugada te perdias na Lapa e sentavas no
[meio-fio para chorar.
Os mapas enganaram-me.
Sentiste como Mayfair parece descorrelacionada do
[Tamisa?
Sentiste que para pedestre de Oxford Street é preciso
[ser gênio e andarilho como Rimbaud?
Ou então português
– Como o poeta Alberto de Lacerda?
Ovalle, irmãozinho, como te sentiste
Nesta Londres imensa e triste?
Tu que procuravas sempre o que há de Jesus em toda
[coisa,
Como olhaste para estas casas tão humanamente
[iguais, tão exasperantemente iguais?

Adoeceste alguma vez e ficaste atrás da vidraça lendo
[incessantemente o letreiro do outro lado da rua
– *Rawlplug House, Rawlplug Co. Ltd., Rawlings Bros.*
Por que bares andaste bebendo melancolia?
Alguma noite pediste perdão por todos nós às
[mulherezinhas de *Picadilly Circus*?
Foste ao *British Museum* e viste a virgem lápita
[raptada pelo centauro?
Comungaste na adoração do Menino Jesus de Piero
[della Francesca na *National Gallery*?
Tomaste conhecimento da existência de Dame Edith
[Sitwell e seu *"Trio for two cats and a trombone"*?
Ovalle, irmãozinho, tu que és hoje estrela brilhante lá
[do alto-mar,
Manda à minha angústia londrina um raio de tua
[quente eternidade.

Londres, 3.9.1957

Mal sem mudança

Da América infeliz porção mais doente,
Brasil, ao te deixar, entre a alvadia
Crepuscular espuma, eu não sabia
Dizer se ia contente ou descontente.

Já não me entendo mais. Meu subconsciente
Me serve angústia em vez de fantasia,
Medos em vez de imagens. E em sombria
Pena se faz passado o meu presente.

Ah, se me desse Deus a força antiga,
Quando eu sorria ao mal sem esperança
E mudava os soluços em cantiga!

Bem não é que a alma pede e não alcança.
Mal sem motivo é o que ora me castiga,
E ainda que dor menor, mal sem mudança.

25.7.1957

Sonho branco

Não pairas mais aqui. Sei que distante
Estás de mim, no grêmio de Maria
Desfrutando a inefável alegria
Da alta contemplação edificante.

Mas foi aqui que ao sol do eterno dia
Tua alma, entre assustada e confiante,
Viu descender à paz purificante
Teu corpo, ainda cansado da agonia.

Senti-te as asas de anjo em mesto arranco
Voejar aqui, retidas pelo aceno
Do irmão, saudoso de teu riso franco.

Quarenta anos lá vão. De teu moreno
Encanto hoje que resta? O eco pequeno,
Pequeno de teu sonho – um sonho branco!

Mascarada

Você me conhece?
(Frase dos mascarados de antigamente.)

– Você me conhece?
– Não conheço não.
– Ah, como fui bela!
Tive grandes olhos,
Que a paixão dos homens
(Estranha paixão!)
Fazia maiores...
Fazia infinitos.
Diz: não me conheces?
– Não conheço não.

– Se eu falava, um mundo
Irreal se abria
À tua visão!
Tu não me escutavas:
Perdido ficavas
Na noite sem fundo
Do que eu te dizia...
Era a minha fala
Canto e persuasão...
Pois não me conheces?
– Não conheço não.

– Choraste em meus braços...
– Não me lembro não.

– Por mim quantas vezes
O sono perdeste
E ciúmes atrozes
Te despedaçaram!

Por mim quantas vezes
Quase tu mataste,
Quase te mataste,
Quase te mataram!
Agora me fitas
E não me conheces?

– Não conheço não.
Conheço é que a vida
É sonho, ilusão.
Conheço é que a vida,
A vida é traição.

Peregrinação

Quando olhada de face, era um abril.
Quando olhada de lado, era um agosto.
Duas mulheres numa: tinha o rosto
Gordo de frente, magro de perfil.

Fazia as sobrancelhas como um til;
A boca, como um o (quase). Isto posto,
Não vou dizer o quanto a amei. Nem gosto
De me lembrar, que são tristezas mil.

Eis senão quando um dia... Mas, caluda!
Não me vai bem fazer uma canção
Desesperada, como fez Neruda.

Amor total e falho... Puro e impuro...
Amor de velho adolescente... E tão
Sabendo a cinza e a pêssego maduro...

Entrevista

Vida que morre e que subsiste
Vária, absurda, sórdida, ávida,
Má!

      Se me indagar um
      qualquer
Repórter:
      "Que há de mais bonito
No ingrato mundo?"
          Não hesito;
Responderei:
         "De mais bonito
Não sei dizer. Mas de mais triste,
– De mais triste é uma mulher
Grávida. Qualquer mulher grávida."

Passado, presente e futuro

Só o passado verdadeiramente nos pertence.
O presente... O presente não existe:
Le moment où je parle est déjà loin de moi.
O futuro diz o povo que a Deus pertence.
A Deus... Ora, adeus!

Seio

O teu seio que em minha mão
Tive uma vez, que vez aquela!
Sinto-o ainda, e ele é dentro dela
O seio-ideia de Platão.

Paulo Gomide

A poesia é o teu voo
Repletando a tua alma de alegrias,
Maravilhamentos e espantos.
Atrás de ti caminha um anjo
– "Todo anjo é terrível" –
E este te vai conduzindo para Deus
Pelo caminho mais difícil.

Nu

Quando estás vestida,
Ninguém imagina
Os mundos que escondes
Sob as tuas roupas.

(Assim, quando é dia,
Não temos noção
Dos astros que luzem
No profundo céu.

Mas a noite é nua,
E, nua na noite,
Palpitam teus mundos
E os mundos da noite.

Brilham teus joelhos.
Brilha o teu umbigo.
Brilha toda a tua
Lira abdominal.

Teus seios exíguos
– Como na rijeza
Do tronco robusto
Dois frutos pequenos –

Brilham.) Ah, teus seios!
Teus duros mamilos!
Teu dorso! Teus flancos!
Ah, tuas espáduas!

Se nua, teus olhos
Ficam nus também:
Teu olhar, mais longo,
Mais lento, mais líquido.

Então, dentro deles,
Boio, nado, salto,
Baixo num mergulho
Perpendicular.

Baixo até o mais fundo
De teu ser, lá onde
Me sorri tu'alma,
Nua, nua, nua...

Elegia para Rui Ribeiro Couto

Meu caro Rui Ribeiro Couto, a mocidade
Promete mais que dá. Sonhamos se dormimos,
E sonhamos quando acordados. Altos cimos
Da aspiração, que em torno vê só a imensidade!
Assim, amigo, foi você; assim eu fui.
Mas terminada a mocidade, o sonho *rui*?

Não, não rui. Pois o sonho, amigo, não é cousa
Feita de pedra e cal: o sonho é cousa fluida.
Enquanto dura a mocidade, que não cuida
Senão de se gastar, nem para, nem repousa,
Vai de despenhadeiro a outro despenhadeiro.
Mas com o tempo serena e flui como um *ribeiro*.

Um dia as ilusões de Vitorino Glória
Se terão dissipado. Em cada nervo e músculo
Sentirá ele, na doçura do crepúsculo,
O que houve de melhor na sua louca história.
Apaziguado há de sorrir ao sonho roto,
E encontrará, dentro em si mesmo, o pouso, o *couto*.

O fauno

Na calada
Da alta noite,
Quando a sombra é como a augusta
Antecipação da morte,
Grita o fauno:

– "Bem que velho,
Te reclamo.
Bem que velho,
Te desejo,
Quero e chamo,
O novelletum quod ludis
In solitudine cordis!
Ó desejada que ainda
Não sabes que és desejada!
Deixa os brancos véus do pejo
E no inóspito jardim
Das oliveiras te cobre
Do cilício da paixão!
Respira as auras ardentes,
Cospe fogo,
Vira vento e furacão,
Sopra rijo sobre mim,
Me delabra, me ensorcela,
Ninfa bela!

Não jamais
Ninfomaníaca: és triste,
És calada,
És elegíaca.
Por isso mesmo é que te amo,
Te desejo,
Quero
E chamo,
Ninfa! Aonde estás? Aonde?..."

Grita o fauno, mas só o eco
De sua voz lhe responde
Na calada
Da alta noite,
Quando a sombra é como a augusta
Antecipação da morte.

Mensagem do além

Aqui estamos todos nus.
Jaime Ovalle

Aqui é tudo o que olhamos
Nu como o céu, como a cruz,
Como a folha e a flor nos ramos:
Aqui estamos todos nus.

As vestes que aí usamos
Nada adiantam. Se o supus,
Se o supões, nos enganamos:
Aqui estamos todos nus.

Dinheiro que aí juntamos,
Joias que pões (e eu já as pus),
De tudo nos despojamos:
Aqui estamos todos nus.

Aqui insontes nos tornamos
Como antes do pecado os
De quem todos derivamos,
Aqui estamos todos nus.

Aos pés de Deus, que adoramos
Sob a sempiterna luz,
É nus que nos prosternamos:
Aqui estamos todos nus.

Soneto sonhado

Meu tudo, minha amada e minha amiga,
Eis, compendiada toda num soneto,
A minha profissão de fé e afeto,
Que à confissão, posto aos teus pés, me obriga.

O que n'alma guardei de muita antiga
Experiência foi pena e ansiar inquieto.
Gosto pouco do amor ideal objeto
Só, e do amor só carnal não gosto miga.

O que há melhor no amor é a iluminância.
Mas, ai de nós! não vem de nós. Viria
De onde? Dos céus?... Dos longes da distância?...

Não te prometo os estos, a alegria,
A assunção... Mas em toda circunstância
Ser-te-ei sincero como a luz do dia.

Poema do mais triste maio

Meus amigos, meus inimigos,
Saibam todos que o velho bardo
Está agora, entre mil perigos,
Comendo, em vez de rosas, cardo.

Acabou-se a idade das rosas!
Das rosas, dos lírios, dos nardos
E outras espécies olorosas:
É chegado o tempo dos cardos.

E passada a sazão das rosas,
Tudo é vil, tudo é sáfio, árduo.
Nas longas horas dolorosas
Pungem fundo as puas do cardo.

As saudades não me consolam.
Antes ferem-me como dardos.
As companhias me desolam,
E os versos que me vêm, vêm tardos.

Meus amigos, meus inimigos,
Saibam todos que o velho bardo
Está agora, entre mil perigos,
Comendo, em vez de rosas, cardo.

Natal 64

A Moussy

Ao deitar-me para a dormida,
Desejara maior repouso
Do que adormecer, e não ouso
Desejar o jazer sem vida.

Vida é possibilidade
De sofrimento; quando menos,
Do sofrimento da saudade,
Com os seus vãos apelos e acenos.

Mas a não haver outra vida,
Aos que morrem pode a saudade
Dar-lhes, senão a eternidade,
Um prolongamento de vida.

Então por que neste momento
Me sinto tão amargo assim?
E a saudade me é um tal tormento,
Se estás viva dentro de mim?

Improviso

Para Odylo e Nazareth

Por ser quem era e filho de quem era,
Eu queria-lhe bem. Pouco eu sabia
Do que no coração ele trazia.
Era discreto. A sua primavera

Não gritava. Tranquilo em sua espera,
Não se apressava. O que é que pretendia?
Fazer o bem aos outros, e o fazia:
Pelos que amava tudo, e a vida, dera.

E a noite veio em que, quando contente
Findava ele o seu dia, a sorte fera
Lhe surgiu de improviso pela frente.

E o que pelos que amava a vida dera,
Pela que amava a deu valentemente,
Por ser quem era e filho de quem era.

Sua Santidade Paulo VI

Quando em torno de nós raiva o funesto
Desvairo, e na infernal perplexidade
Erramos o caminho da verdade
Nos Santos Evangelhos manifesto,

Baixem as luzes do divino Texto
Pela boca de Vossa Santidade
Para reconduzir a cristandade
Ao aprisco do Pai, ó Paulo VI!

Nest'hora em que de cada continente
Vêm mil gemidos, e incessantemente
Em sangue humano o duro chão se empapa,

Falai, falai, que ouvir a vossa isenta
Palavra é ouvir em meio da tormenta
A voz de Deus na voz de um grande Papa.

Recife

Há que tempo que não te vejo!
Não foi por querer, não pude.
Nesse ponto a vida me foi madrasta,
Recife.

Mas não houve dia em que te não sentisse dentro de mim:
Nos ossos, nos olhos, nos ouvidos, no sangue, na carne,
Recife.

Não como és hoje,
Mas como eras na minha infância,
Quando as crianças brincavam no meio da rua
(Não havia ainda automóveis)
E os adultos conversavam de cadeira nas calçadas
(Continuavas província,
Recife).

Eras um Recife sem arranha-céus, sem comunistas,
Sem Arrais, e com arroz,
Muito arroz,
De água e sal,
Recife.

Um Recife ainda do tempo em que o meu avô materno
Alforriava espontaneamente

A moça preta Tomásia, sua escrava,
Que depois foi a nossa cozinheira
Até morrer,
Recife.

Ainda existirá a velha casa senhorial do Monteiro?
Meu sonho era acabar morando e morrendo
Na velha casa do Monteiro.
Já que não pode ser,
Quero, na hora da morte, estar lúcido
Para te mandar a ti o meu último pensamento,
Recife.

Ah Recife, Recife, *non possidebis ossa mea*!
Nem os ossos nem o busto.
Que me adianta um busto depois de eu morto?
Depois de morto não me interessará senão, se possível,
Um cantinho no céu,
        "Se o não sonharam", como disse o meu querido
João de Deus, Recife.

Rio, 20.3.1963

Irmã

Irmã – que outra expressão, por mais que a tente
Achar, poderei dar-te? –, em teu ouvido
Quero a queixa vazar confiantemente
Desta vida sem cor e sem sentido.

Amei outras mulheres, mas a urgente
Compreensão, sem a qual, por mais subido,
Falece o amor, esteve sempre ausente.
Em nenhuma encontrei o bem querido.

Em ti tudo é perfeito e incomparável.
E tudo o que de injusto e duro e amargo
Sofri, vieste delir com o teu carinho:

Com esse frescor de fruta desejável;
Com esse gris de teus olhos, que do largo
Me traz o ar sem mistura, o sal marinho.

Ariesphinx

Montanha e chão. Neve e lava.
Humildade da umidade.
Quem disse que eu não te amava?
Amo-te mais que a verdade.

E de resto o que é a verdade?
E de resto o que é a poesia?
E o que é, nesta guerra fria,
Qualquer pura realidade?

Então, tão só no passado
Quero situar o meu sonho.
Faço como tu e, mudado
Em ariesphinx, sotoponho

O leão ao manso carneiro.
Doçura de olhos da corça!
Doçura, divina força
De Jesus, de Deus cordeiro.

Junho, 1964

Minha grande ternura

Minha grande ternura
Pelos passarinhos mortos,
Pelas pequeninas aranhas.

Minha grande ternura
Pelas mulheres que foram meninas bonitas
E ficaram mulheres feias;
Pelas mulheres que foram desejáveis
E deixaram de o ser;
Pelas mulheres que me amaram
E que eu não pude amar.

Minha grande ternura
Pelos poemas que
Não consegui realizar.

Minha grande ternura
Pelas amadas que
Envelheceram sem maldade.

Minha grande ternura
Pelas gotas de orvalho que
São o único enfeite
De um túmulo.

Adeus, Amor

O amor disse-me adeus, e eu disse: "Adeus,
Amor! Tu fazes bem: a mocidade
Quer a mocidade." Os meus amigos
Me felicitam: "Como estás bem conservado!"
Mas eu sei que no Louvre e outros museus, e até no
[nosso
Há múmias do velho Egito que estão como eu bem
[conservadas.
Sei mais que posso ainda receber e dar carinhos e
[ternura.
Mas acho isso pouco, e exijo a iluminância, o
[inesperado,
O trauma, o magma... Adeus, Amor!
Todavia não estou sozinho. Nunca estive. A vida
[inteira
Vivi em *tête-à-tête* com uma senhora magra, séria,
Da maior distinção.
E agora até sou seu vizinho.
Tu que me lês adivinhaste ela quem é.
Pois é. Portanto digo: "Adeus, Amor!"
E à venerável minha vizinha:
"Ao teu dispor! Mas olha, vem
Para a nossa entrevista última,
Pela mão da tua divina Senhora
– Nossa Senhora da Boa Morte".

Canção do suicida

Não me matarei, meus amigos.
Não o farei, possivelmente.
Mas que tenho vontade, tenho.
Tenho, e, muito curiosamente,

Com um tiro. Um tiro no ouvido,
Vingança contra a condição
Humana, ai de nós! sobre-humana
De ser dotado de razão.

O beijo

Quando a moça lhe estendeu a boca
(A idade da inocência tinha voltado,
Já não havia na árvore maçãs envenenadas),
Ele sentiu, pela primeira vez, que a vida era um dom
                                [fácil
De insuputáveis possibilidades.

Ai dele!
Tudo fora pura ilusão daquele beijo.
Tudo tornou a ser cativeiro, inquietação, perplexidade:
– No mundo só havia de verdadeiramente livre aquele
                                [beijo.

Antologia

A vida
Não vale a pena e a dor de ser vivida.
Os corpos se entendem mas as almas não.
A única coisa a fazer é tocar um tango argentino.

Vou-me embora p'ra Pasárgada!
Aqui eu não sou feliz.
Quero esquecer tudo:
– A dor de ser homem...
Este anseio infinito e vão
De possuir o que me possui.

Quero descansar
Humildemente pensando na vida e nas mulheres
[que amei...
Na vida inteira que podia ter sido e que não foi.

Quero descansar.
Morrer.
Morrer de corpo e de alma.
Completamente.
(Todas as manhãs o aeroporto em frente me dá lições
[de partir.)

Quando a Indesejada das gentes chegar
Encontrará lavrado o campo, a casa limpa,
A mesa posta,
Com cada coisa em seu lugar.

Setembro, 1965

Duas canções do tempo do beco

Primeira canção do beco

Teu corpo dúbio, irresoluto
De intersexual disputadíssima,
Teu corpo, magro não, enxuto,
Lavado, esfregado, batido,
Destilado, asséptico, insípido
E perfeitamente inodoro
É o flagelo de minha vida,
Ó esquizoide! ó leptossômica!

Por ele sofro há bem dez anos
(Anos que mais parecem séculos)
Tamanhas atribulações,
Que às vezes viro lobisomem,
E estraçalhado de desejos
Divago como os cães danados
A horas mortas, por becos sórdidos!

Põe paradeiro a este tormento!
Liberta-me do atroz recalque!
Vem ao meu quarto desolado
Por estas sombras de convento,
E propicia aos meus sentidos
Atônitos, horrorizados
A folha-morta, o parafuso,
O trauma, o estupor, o decúbito!

Segunda canção do beco

Teu corpo moreno
É da cor da praia.
Deve ter o cheiro
Da areia da praia.
Deve ter o cheiro
Que tem ao mormaço
A areia da praia.

Teu corpo moreno
Deve ter o gosto
De fruta de praia.
Deve ter o travo,
Deve ter a cica
Dos cajus da praia.

Não sei, não sei, mas
Uma coisa me diz
Que o teu corpo magro
Nunca foi feliz.

Louvações

Louvado

Louvo o Padre, louvo o Filho,
O Espírito Santo louvo.
E a com que me maravilho
Louvo após, que um sofrer novo
Trouxe a esta vida afanosa,
Sem fé, nem vez, nem defesa:
Aquela que tem da rosa
O nome, o aroma, a beleza.

Juntei ao corpo de Vênus
Sua cabeça, e estou quite
Com o meu destino, que ao menos
Uma feminafrodite
Criei para ressarcir-me
Desta paixão que, ignorada,
Nem por isso é menos firme
Nem mais mal-aventurada.

Cada vez me maravilho
Mais com o que nela há de novo:
Louvo o Padre, louvo o Filho,
O Espírito Santo louvo.

Rachel de Queiroz

Louvo o Padre, louvo o Filho,
o Espírito Santo louvo.
Louvo Rachel, minha amiga,
nata e flor do nosso povo.
Ninguém tão Brasil quanto ela,
pois que, com ser do Ceará,
tem de todos os Estados,
do Rio Grande ao Pará.
Tão Brasil: quero dizer
Brasil de toda maneira
– brasílica, brasiliense,
brasiliana, brasileira.
Louvo o Padre, louvo o Filho,
o Espírito Santo louvo.
Louvo Rachel e, louvada
uma vez, louvo-a de novo.
Louvo a sua inteligência,
e louvo o seu coração.
Qual maior? Sinceramente,
meus amigos, não sei não.
Louvo os seus olhos bonitos,
louvo a sua simpatia.
Louvo a sua voz nortista,
louvo o seu amor de tia.
Louvo o Padre, louvo o Filho,

o Espírito Santo louvo.
Louvo Rachel, duas vezes
louvada, e louvo-a de novo.
Louvo o seu romance: *O Quinze*
e os outros três; louvo *As Três*
Marias especialmente,
mais minhas que de vocês.
Louvo a cronista gostosa.
Louvo o seu teatro: *Lampião*
e a nossa *Beata Maria*.
Mas chega de louvação,
porque, por mais que a louvemos,
nunca a louvaremos bem.
Em nome do Pai, do Filho e
do Espírito Santo, amém.

Cantadores do Nordeste

Anteontem, minha gente,
Fui juiz numa função
De violeiros do Nordeste.
Cantando em competição,
Vi cantar Dimas Batista
E Otacílio, seu irmão.
Ouvi um tal de Ferreira,
Ouvi um tal de João.
Um, a quem faltava um braço,
Tocava cuma só mão;
Mas, como ele mesmo disse,
Cantando com perfeição,
Para cantar afinado,
Para cantar com paixão,
A força não está no braço:
Ela está no coração.
Ou puxando uma sextilha
Ou uma oitava em quadrão,
Quer a rima fosse em inha,
Quer a rima fosse em ão,
Caíam rimas do céu,
Saltavam rimas do chão!
Tudo muito bem medido
No galope do sertão.
A Eneida estava boba;

O Cavalcanti, bobão,
O Lúcio, o Renato Almeida;
Enfim, toda a Comissão.
Saí dali convencido
Que não sou poeta não;
Que poeta é quem inventa
Em boa improvisação,
Como faz Dimas Batista
E Otacílio, seu irmão;
Como faz qualquer violeiro
Bom cantador do sertão,
A todos os quais, humilde,
Mando a minha saudação!

Maísa

Um dia pensei um poema para Maísa
"Maísa não é isso
Maísa não é aquilo
Como é então que Maísa me comove me sacode me
[buleversa me hipnotiza?

Muito simplesmente
Maísa não é isso mas Maísa tem aquilo
Maísa não é aquilo mas Maísa tem isto
Os olhos de Maísa são dois não sei quê dois não sei
[como diga dois Oceanos Não Pacíficos

A boca de Maísa é isto isso e aquilo
Quem fala mais em Maísa a boca ou os olhos?
Os olhos e a boca de Maísa se entendem os olhos
[dizem uma coisa e a boca de Maísa se
[condói se contrai se contorce como a ostra
[viva em que se pingou uma gota de limão
A boca de Maísa escanteia e os olhos de Maísa
[ficam sérios meu Deus como os olhos
[de Maísa podem ser sérios e como a
[boca de Maísa pode ser amarga!
Boca da noite (mas de repente alvorece num sorriso
[infantil inefável)"

Cacei imagens delirantes
Maísa podia não gostar
Cassei o poema.

Maísa reapareceu depois de longa ausência
Maísa emagreceu
Está melhor assim?

Nem melhor nem pior
Maísa não é um corpo
Maísa são dois olhos e uma boca

Essa é a Maísa da televisão
A Maísa que canta
A outra eu não conheço não
Não conheço de todo
Mas mando um beijo para ela.

Carlos Drummond de Andrade

Louvo o Padre, louvo o Filho,
O Espírito Santo louvo.
Isto feito, louvo aquele
Que ora chega aos sessent'anos
E no meio de seus pares
Prima pela qualidade:
O poeta lúcido e límpido
Que é Carlos Drummond de Andrade.

Prima em *Alguma Poesia*,
Prima no *Brejo das Almas*.
Prima na *Rosa do Povo*,
No *Sentimento do Mundo*.
(Lírico ou participante,
Sempre é poeta de verdade
Esse homem lépido e limpo
Que é Carlos Drummond de Andrade.)

Como é fazendeiro do ar,
O obscuro enigma dos astros
Intui, capta em claro enigma.
Claro, alto e raro. De resto
Ponteia em viola de bolso
Inteiramente à vontade

O poeta diverso e múltiplo
Que é Carlos Drummond de Andrade.

Louvo o Padre, o Filho, o Espírito
Santo, e após outra Trindade
Louvo: o homem, o poeta, o amigo
Que é Carlos Drummond de Andrade.

Guilherme de Almeida

"Ó Poesia! Ó mãe moribunda!"
Assim clamou Banville um dia
Na Europa, terra sem segunda
Da grande, da nobre poesia.
Aqui ficara sem sentido
Esse grito de descoragem:
Vives, Guilherme, e eu, comovido,
Ponho a teus pés minha homenagem.

Toda a alma humana, da mais funda
Mágoa à mais etérea alegria,
Vibra, ora grave, ora jucunda,
Em teus poemas de alta mestria.
Por isso, e porque sempre hás sido
Em captar as vozes da aragem
Mais sutil o mais fino ouvido,
Ponho a teus pés minha homenagem.

Se no artesanato se funda
Aquela apurada euritmia
Da arte melhor e mais fecunda,
Há que ver na longa teoria
De teus livros, no tom subido
De tua lírica mensagem

Il miglior fabro, como és tido:
Ponho a teus pés minha homenagem.

OFERTA

– Príncipe do verso medido
Ou livre, e da rima, e da imagem,
Irmão admirado e querido,
Ponho a teus pés minha homenagem.

Louvação de Adalardo

Louvo o Padre, louvo o Filho
E louvo o Espírito Santo.
Lançado o sacro estribilho
Com que abro e fecho o meu canto,
Recolho aqui toda a minha
Mestria de velho bardo
Para entoar não louvaminha
Mas real louvor de Adalardo:
O que dá duro e se esfalfa
No batente, e cujo nome
Mais por de uma estrela alfa
É provável que se tome.

Eis que um tanto desmaiada
Esteve a estrela. Trombose?
Infarto? Não! não foi nada
Disso. Uma simples micose!
Por causa dela sumida
Andou a estrela. E o que mais é,
Por um triz no mar da vida
Quase a estrela perdeu pé!

Mas reintegrado Adalardo
Volta à roda dos amigos,

Reto e rijo como um dardo,
Vencedor de mil perigos,
E ovante como o estribilho
Do meu jubiloso canto.
Louvo o Padre, louvo o Filho
E louvo o Espírito Santo.

Julho, 1965

Luís Jardim

Louvo o Padre, louvo o Filho,
Louvo o alto Espírito Santo.
Após quê, Pégaso encilho
E, para mundial espanto,
Remonto à paragem calma
Onde, em práticas sem fim,
Deambulam as Musas: na alma
De Lula – Lula Jardim.

Um jardim de muitas flores
E sem espinhos nenhuns:
Jardim de Ilha dos Amores
Replantado em Garanhuns.
Louvo o desenhista exato:
Maneje lápis, carvão
Ou pena, trace retrato
Ou paisagem, é sua mão

Segura, certeira, leve:
Nunca vi tão leve assim.
E é assim também quando escreve
Romance ou conto o Jardim.
Faz igualmente bom teatro,
Ótima crítica. Tem

Arte e engenho como quatro...
Deus conserve-o tal, amém!

Um dia a menina Alice
No País das Maravilhas
Passeava. Lula lhe disse:
"Vamos ter filhos e filhas?
Casemo-nos!" E casaram-se.
Mas os filhos não vieram.
Lula e Alice conformaram-se.
Foi o melhor que fizeram.

Pois louvo Lula de novo
E louvo Alice também.
Louvo o Padre, o Filho louvo
E o Espírito Santo. Amém!

Balada para Isabel

Querem outros muito dinheiro;
Outros, muito amor; outros, mais
Precavidos, querem inteiro
Sossego, paz, dias iguais.
Mas eu, que sei que nesta vida
O que mais se mostra é ouropel,
Quero coisa muito escondida:
– O sorriso azul de Isabel.

Um mistério tão sorrateiro
Nunca o mundo não viu jamais.
Ah que sorriso! Verdadeiro
Céu na terra (o céu que sonhais...)
Por isso, em minha ingrata lida
De viver, é a sopa no mel
Se de súbito translucida
O sorriso azul de Isabel.

Quando rompe o sol, e fagueiro
O homem acorda, e em matinais
Hosanas louva o justiceiro
Deus de bondade – o que pensais
Que é a coisa mais apetecida
Do mau bardo de alma revel,

Envelhecida, envilecida?
– O sorriso azul de Isabel.

OFERTA

Não quero o sorriso de Armida:
O sorriso de Armida é fel
Junto ao desta Isabel querida.
– Quero é o teu sorriso, Isabel.

Rio de Janeiro

Louvo o Padre, louvo o Filho
E louvo o Espírito Santo.
Louvado Deus, louvo o santo
De quem este Rio é filho.
Louvo o santo padroeiro
– Bravo São Sebastião –
Que num dia de janeiro
Lhe deu santa defensão.

Louvo a cidade nascida
No morro Cara de Cão,
Logo depois transferida
Para o Castelo, e de então
Descendo as faldas do outeiro,
Avultando em arredores,
Subindo a morros maiores,
– Grande Rio de Janeiro!

Rio de Janeiro, agora
De quatrocentos janeiros...
Ó Rio de meus primeiros
Sonhos! (A última hora
De minha vida oxalá
Venha sob teus céus serenos,

Porque assim sentirei menos
O meu despejo de cá.)

Cidade de sol e bruma,
Se não és mais capital
Desta nação, não faz mal:
Jamais capital nenhuma,
Rio, empanará teu brilho,
Igualará teu encanto.
Louvo o Padre, louvo o Filho
E louvo o Espírito Santo.

Louvado para Daniel

Louvo o Padre, louvo o Filho
E louvo o Espírito Santo.
Feito isto, ainda que sem brilho
Quero louvar outro tanto
Quem de quem é seu amigo
Sempre é amigo fiel:
Esse homem bom como o trigo,
Hoje cinquentão, Daniel.

Louvo Daniel bom marido,
Daniel bom pai, bom irmão.
E esse meu dever cumprido,
Cumpro a grata obrigação
De desejar-lhe outro tanto
De vida como a que tem.
Louvo o Padre, o Filho, o Santo
Espírito, e Daniel também!

Louvado do centenário de Iracema

Louvo o Padre, louvo o Filho
E louvo o Espírito Santo.
Idem louvo, exalto e canto
O prosador, grande filho
Do Norte, e que no deserto
Do romance nacional
Ergueu, escorreito e diserto,
Seu mundo, – um mundo imortal.

Além, muito além da serra
Que lá azula no horizonte,
Inventou a donzela insonte,
Símbolo da nossa terra,
E escreveu o que é mais poema
Que romance, e poema menos
Que um mito, melhor que Vênus:
A doce, a meiga Iracema.

E o mito inda está tão jovem
Qual quando o criou Alencar.
Debalde sobre ele chovem
Os anos, sem o alterar.
Nem uma ruga no canto
Dos olhos de moço brilho!
Louvo o Padre, louvo o Filho
E louvo o Espírito Santo.

Agosto, 1965

Composições

Azulejo

alarido   ferro
alvorada   serro

                    peito
                    flauta

nêsperas   noite
anêmona   noivado

Rosa tumultuada

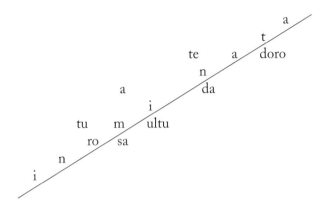

Homenagem a Niomar

M A M n i o m a r
                t
                e
M A M   m
                o
                d
                e
M A M   r
                n
                a

M A M

Homenagem a Constant Tonegaru

```
c   o   n   s   t   a   n   t
        j
        a m a i c a                       p
          l                               o
            i                             e
              v                           s
                a                         i
    l     i     b     e     r     d     a     d     e
              u
              c
        r u m a n i a         m a r t i n i c a
              r
              e                       i       b a
              s                           u
              t                           c
                                            d
                        t   o   n   e   g   a   r   u
```

O nome em si

Antônio, filho de JOÃO MANUEL GONÇALVES DIAS e
VENÂNCIA MENDES FERREIRA
ANTÔNIO MENDES FERREIRA GONÇALVES DIAS
ANTÔNIO FERREIRA GONÇALVES DIAS
GONÇALVES DUTRA
GONÇALVES DANTAS
GONÇALVES DIAS
GONÇALVES GONÇALVES GONÇALVES GONÇALVES
DIAS DIAS DIAS DIAS DIAS
DIAS GONÇALVES
DIAS GONÇALVES
GONÇALVES, DIAS & CIA.
GONÇALVES, DIAS & Cia.
Dr. ANTÔNIO GONÇALVES DIAS
Prof. ANTÔNIO GONÇALVES DIAS
EMERENCIANO GONÇALVES DIAS
EREMILDO GONÇALVES DIAS
AUGUSTO GONSALVES DIAS
Ilmo. e Exmo. Sr. AUGUSTO GONÇALVES DIAS
GONSALVES DIAS
DIAS GONÇALVES
GONÇALVES DIAS

Ponteios

FLABELA

flébil

lábil

Isabela

nota e núbil

Analianeliana

aurea   aurora   aureliana

aura   eliana

liana

liliana

aura   rórida   aurora

aura   AURA

A U R E o l a r

a r e o l a r

e i u o a e t

p r c l s m n e

A onda

A ONDA

a onda anda

aonde anda

a onda?

a onda ainda

ainda onda

ainda anda

aonde?

aonde?

a onda a onda

Verde-negro

dever
    de ver
        tudo verde
        tudo negro
            verde-negro
                muito verde
                muito negro
ver de dia
        ver de noite
            verde noite
                negro dia
                verde-negro
verdes vós
        verem eles
        virem eles
virdes vós
        verem todos
            tudo negro
            tudo verde
                verde-negro

Preparação para a morte

Preparação para a morte

A vida é um milagre.
Cada flor,
Com sua forma, sua cor, seu aroma,
Cada flor é um milagre.
Cada pássaro,
Com sua plumagem, seu voo, seu canto,
Cada pássaro é um milagre.
O espaço, infinito,
O espaço é um milagre.
O tempo, infinito,
O tempo é um milagre.
A memória é um milagre.
A consciência é um milagre.
Tudo é milagre.
Tudo, menos a morte.
– Bendita a morte, que é o fim de todos os milagres.

Vontade de morrer

Não é que não me fales aos sentidos,
À inteligência, o instinto, o coração:
Falas demais até, e com tal suasão,
Que para não te ouvir selo os ouvidos.

Não é que sinta gastos e abolidos
Força e gosto de amar, nem haja a mão,
Na dos anos penosa sucessão,
Desaprendido os jogos aprendidos.

E ainda que tudo em mim murchado houvera,
Teu olhar saberia, senão quando,
Tudo alertar em nova primavera.

Sem ambições de amor ou de poder,
Nada peço nem quero e – entre nós – ando
Com uma grande vontade de morrer.

Canção para a minha morte

Bem que filho do Norte,
Não sou bravo nem forte.
Mas, como a vida amei
Quero te amar, ó morte,
– Minha morte, pesar
Que não te escolherei.

Do amor tive na vida
Quanto amor pode dar:
Amei, não sendo amado,
E sendo amado, amei.
Morte, em ti quero agora
Esquecer que na vida
Não fiz senão amar.

Sei que é grande maçada
Morrer, mas morrerei
– Quando fores servida –
Sem maiores saudades
Desta madrasta vida,
Que, todavia, amei.

Programa para depois de minha morte

... esta outra vida de aquém-túmulo.
Guimarães Rosa

Depois de morto, quando eu chegar ao outro mundo,
Primeiro quererei beijar meus pais, meus irmãos, meus
[avós, meus tios, meus primos.
Depois irei abraçar longamente uns amigos –
[Vasconcelos, Ovalle, Mário...
Gostaria ainda de me avistar com o santo Francisco de
[Assis.
Mas quem sou eu? Não mereço.
Isto feito, me abismarei na contemplação de Deus e de
[sua glória,
Esquecido para sempre de todas as delícias, dores,
[perplexidades
Desta outra vida de aquém-túmulo.

O crucifixo

É um crucifixo de marfim
Ligeiramente amarelado,
Pátina do tempo escoado.
Sempre o vi patinado assim.

Mãe, irmã, pai meus estreitado
Tiveram-no ao chegar o fim.
Hoje, em meu quarto colocado,
Ei-lo velando sobre mim.

E quando se cumprir aquele
Instante, que tardando vai,
De eu deixar esta vida, quero

Morrer agarrado com ele.
Talvez me salve. Como – espero –
Minha mãe, minha irmã, meu pai.

Teresópolis, março de 1966

A Lourdes

Nesta estrada tão áspera que trilho
Agora tu me dás em meu caminho

Os tesouros sem par do teu carinho
Como se eu fosse teu segundo filho.

Deus te abençoe, minha amiga, minha
Irmã, irmã que fosse uma mãezinha.

8 maio 1867*

---

* De acordo com o original manuscrito, datado pelo autor, por engano.

Cronologia

1886

A 19 de abril, nasce Manuel Carneiro de Souza Bandeira Filho, em Recife. Seus pais, Manuel Carneiro de Souza Bandeira e Francelina Ribeiro de Souza Bandeira.

1890

A família se transfere para o Rio de Janeiro, depois para Santos, São Paulo e novamente para o Rio de Janeiro.

1892

Volta para Recife.

1896-1902

Novamente no Rio de Janeiro, cursa o externato do Ginásio Nacional, atual Colégio Pedro II.

1903-1908

Transfere-se para São Paulo, onde cursa a Escola Politécnica. Por influência do pai, começa a estudar arquitetura. Em 1904, doente (tuberculose), volta ao Rio de Janeiro para se tratar. Em seguida, ainda em tratamento, reside em Campanha, Teresópolis, Maranguape, Uruquê e Quixeramobim.

1913

Segue para a Europa, para tratar-se no sanatório de Clavadel, Suíça. Tenta publicar um primeiro livro, *Poemetos melancólicos*, perdido no sanatório quando o poeta retorna ao Brasil.

1916

Morre a mãe do poeta.

1917

Publica o primeiro livro, *A cinza das horas*.

1918

Morre a irmã do poeta, sua enfermeira desde 1904.

1919

Publica *Carnaval*.

1920

Morre o pai do poeta.

1922

Em São Paulo, Ronald de Carvalho lê o poema "Os sapos", de *Carnaval*, na Semana de Arte Moderna.

Morre o irmão do poeta.

1924

Publica *Poesias*, que reúne *A cinza das horas*, *Carnaval* e *O ritmo dissoluto*.

1925

Começa a escrever para o "Mês Modernista", página dos modernistas em *A Noite*.

Exerce a crítica musical nas revistas *A Ideia Ilustrada* e *Ariel*.

1926

Como jornalista, viaja por Salvador, Recife, João Pessoa, Fortaleza, São Luís e Belém.

1928-1929

Viaja a Minas Gerais e São Paulo. Como fiscal de bancas examinadoras, viaja para Recife. Começa a escrever crônicas para o *Diário Nacional*, de São Paulo, e *A Província*, do Recife.

1930

Publica *Libertinagem*.

1935

Nomeado pelo ministro Gustavo Capanema inspetor de ensino secundário.

1936

Publica *Estrela da manhã*, em edição fora de comércio.

Os amigos publicam *Homenagem a Manuel Bandeira*, com poemas, estudos críticos e comentários sobre sua vida e obra.

1937

Publica *Crônicas da Província do Brasil*, *Poesias escolhidas* e *Antologia dos poetas brasileiros da fase romântica*.

1938

Nomeado pelo ministro Gustavo Capanema professor de literatura do Colégio Pedro II e membro do Conselho Consultivo do Departamento do Patrimônio Histórico e Artístico Nacional.

Publica *Antologia dos poetas brasileiros da fase parnasiana* e o ensaio *Guia de Ouro Preto*.

1940

Publica *Poesias completas* e os ensaios *Noções de história das literaturas* e *A autoria das "Cartas chilenas"*.

Eleito para Academia Brasileira de Letras.

1941

Exerce a crítica de artes plásticas em *A Manhã*, do Rio de Janeiro.

1942

Eleito membro da Sociedade Felipe d'Oliveira. Organiza *Sonetos completos e poemas escolhidos*, de Antero de Quental.

1943

Nomeado professor de literatura hispano-americana na Faculdade Nacional de Filosofia. Deixa o Colégio Pedro II.

1944

Organiza as *Obras poéticas de Gonçalves* Dias e publica uma nova edição das *Poesias completas*.

1945

Publica *Poemas traduzidos*.

1946

Publica *Apresentação da poesia brasileira*, *Antologia dos poetas brasileiros bissextos contemporâneos* e, no México, *Panorama de la poesía brasileña*.

Conquista o Prêmio de Poesia do IBEC.

1948

Publica *Poesias completas*, *Poesias escolhidas*, *Mafuá do malungo: jogos onomásticos e outros versos de circunstância*, em edição fora de comércio, e uma nova edição aumentada de *Poemas traduzidos*.

Organiza *Rimas*, de José Albano.

1949

Publica o ensaio *Literatura hispano-americana*.

1951

A convite de amigos, candidata-se a deputado pelo Partido Socialista Brasileiro, mas não se elege.

Publica nova edição, novamente aumentada, das *Poesias completas*.

1952

Publica *Opus 10*, em edição fora de comércio, e a biografia *Gonçalves Dias*.

1954

Publica as memórias *Itinerário de Pasárgada* e o livro de ensaios *De poetas e de poesia*.

1955

Publica *50 poemas escolhidos pelo autor* e *Poesias*. Começa a escrever crônicas para o *Jornal do Brasil*, do Rio de Janeiro, e *Folha da Manhã*, de São Paulo.

1956

Publica o ensaio *Versificação em língua portuguesa*, uma nova edição de *Poemas traduzidos* e, em Lisboa, *Obras poéticas*.

Aposentado compulsoriamente como professor de literatura hispano-americana da Faculdade Nacional de Filosofia.

1957

Publica o livro de crônicas *Flauta de papel* e a edição conjunta *Itinerário de Pasárgada/De poetas e de poesia*.

Viaja para Holanda, Inglaterra e França.

1958

Publica *Poesia e prosa* (obra reunida, em dois volumes), a antologia *Gonçalves Dias*, uma nova edição de *Noções de história das literaturas* e, em Washington, *Brief History of Brazilian Literature*.

1959

Publica *Pasárgada*, em edição fora de comércio.

1960

Publica *Alumbramentos* e *Estrela da tarde*, ambos em edição fora de comércio, e, em Paris, *Poèmes*.

1961

Publica *Antologia poética*. Começa a escrever crônicas para o programa Quadrante, da Rádio Ministério da Educação.

1962

Publica *Poesia e vida de Gonçalves Dias*.

1963

Publica a segunda edição de *Estrela da tarde* (acrescida de poemas inéditos e da tradução de *Auto sacramental do Divino Narciso*, de Sóror Juana Inés de la Cruz) e a antologia *Poetas do Brasil*, organizada em parceria com José Guilherme Merquior. Começa a escrever crônicas para o programa Vozes da cidade, da Rádio Roquette Pinto.

1964

Publica em Paris o livro *Manuel Bandeira*, com tradução e organização de Michel Simon, e, em Nova York, *Brief History of Brazilian Literature*.

1965

Publica *Rio de Janeiro em prosa & verso*, livro organizado em parceria com Carlos Drummond de Andrade, *Antologia dos poetas brasileiros da fase simbolista* e, em edição fora de comércio, o álbum *Preparação para a morte*.

1966

Recebe, das mãos do presidente da República, a Ordem do Mérito Nacional.

Publica *Os reis vagabundos e mais 50 crônicas*, com organização de Rubem Braga, *Estrela da vida inteira* (poesia completa) e o livro de crônicas *Andorinha, andorinha*, com organização de Carlos Drummond de Andrade.

Conquista o título de Cidadão Carioca, da Assembleia Legislativa do Estado da Guanabara, e o Prêmio Moinho Santista.

1967

Publica *Poesia completa e prosa*, em volume único, e a *Antologia dos poetas brasileiros da fase moderna*, em dois volumes, organizada em parceria com Walmir Ayala.

1968

Publica o livro de crônicas *Colóquio unilateralmente sentimental*.

Falece a 13 de outubro, no Rio de Janeiro.

Bibliografia básica sobre Manuel Bandeira

ANDRADE, Carlos Drummond de. Entre Bandeira e Oswald de Andrade. In: _____. *Tempo vida poesia:* confissões no rádio. Rio de Janeiro: Record, 1986.

_____. Manuel Bandeira. In: _____. *Passeios na ilha:* divagações sobre a vida literária e outras matérias. Rio de Janeiro: Organização Simões, 1952.

_____ et al. *Homenagem a Manuel Bandeira.* Rio de Janeiro: Typ. do *Jornal do Commercio*, 1936. 2. ed. fac-similar, São Paulo: Metal Leve, 1986.

ANDRADE, Mário de. A poesia em 1930. In: _____. *Aspectos da literatura brasileira.* 5. ed. São Paulo: Martins, 1974.

ARRIGUCCI JR., Davi. A beleza humilde e áspera. In: _____. *O cacto e as ruínas:* a poesia entre outras artes. 2. ed. São Paulo: Duas Cidades/Editora 34, 2000.

_____. Achados e perdidos. In: _____. *Outros achados e perdidos.* São Paulo: Companhia das Letras, 1999.

_____. *Humildade, paixão e morte:* a poesia de Manuel Bandeira. São Paulo: Companhia das Letras, 1990.

_____. O humilde cotidiano de Manuel Bandeira. In: SCHWARZ, Roberto (Org.). *Os pobres na literatura brasileira.* São Paulo: Brasiliense, 1983.

BACIU, Stefan. *Manuel Bandeira de corpo inteiro.* Rio de Janeiro: José Olympio, 1966.

BARBOSA, Francisco de Assis. *Manuel Bandeira, 100 anos de poesia:* síntese da vida e obra do poeta maior do Modernismo. Recife: Pool, 1988.

_____. Manuel Bandeira, estudante do Colégio Pedro II. In: _____. *Achados do vento*. Rio de Janeiro: Ministério da Educação e Cultura/Instituto Nacional do Livro, 1958.

BEZERRA, Elvia. *A trinca do Curvelo:* Manuel Bandeira, Ribeiro Couto e Nise da Silveira. Rio de Janeiro: Topbooks, 1995.

BRASIL, Assis. *Manuel e João:* dois poetas pernambucanos. Rio de Janeiro. Imago, 1990.

BRAYNER, Sônia (Org.). *Manuel Bandeira*. Rio de Janeiro: Civilização Brasileira; Brasília: Instituto Nacional do Livro, 1980.

CANDIDO DE MELLO E SOUZA, Antonio. Carrossel. In: _____. *Na sala de aula:* caderno de análise literária. São Paulo: Ática, 1985.

_____; SOUZA, Gilda de Mello. Introdução. In: BANDEIRA, Manuel. *Estrela da vida inteira:* poesias reunidas. Rio de Janeiro: José Olympio, 1966.

CARPEAUX, Otto Maria. Bandeira. In: _____. *Ensaios reunidos:* 1942-1968. Rio de Janeiro: UniverCidade/Topbooks, 1999.

_____. Última canção – vasto mundo. In: _____. *Origens e fins*. Rio de Janeiro: Casa do Estudante do Brasil, 1943.

CASTELLO, José Aderaldo. Manuel Bandeira – sob o signo da infância. In: _____. *A literatura brasileira:* origens e unidade. São Paulo: Edusp, 1999. v. 2.

COELHO, Joaquim-Francisco. *Biopoética de Manuel Bandeira*. Recife: Massangana, 1981.

_____. *Manuel Bandeira pré-modernista*. Rio de Janeiro: José Olympio; Brasília: Instituto Nacional do Livro, 1982.

CORRÊA, Roberto Alvim. Notas sobre a poesia de Manuel Bandeira. In: _____. *Anteu e a crítica:* ensaios literários. Rio de Janeiro: José Olympio, 1948.

COUTO, Ribeiro. *Três retratos de Manuel Bandeira*. Organização de Elvia Bezerra. Rio de Janeiro: Academia Brasileira de Letras, 2004.

ESPINHEIRA FILHO, Ruy. *Forma e alumbramento:* poética e poesia em Manuel Bandeira. Rio de Janeiro: José Olympio/Academia Brasileira de Letras, 2004.

FONSECA, Edson Nery da. *Alumbramentos e perplexidades:* vivências bandeirianas. São Paulo: Arx, 2002.

FREYRE, Gilberto. A propósito de Manuel Bandeira. In: _____. *Tempo de aprendiz.* São Paulo: Ibrasa; Brasília: Instituto Nacional do Livro, 1979.

_____. Dos oito aos oitenta. In: _____. *Prefácios desgarrados.* Rio de Janeiro: Cátedra; Brasília: Instituto Nacional do Livro, 1978. v. 2.

_____. Manuel Bandeira em três tempos. In: _____. *Perfil de Euclides e outros perfis.* 2. ed. aumentada, Rio de Janeiro: Record, 1987. 3. ed. revista, São Paulo: Global, 2011.

GARBUGLIO, José Carlos. *Roteiro de leitura:* poesia de Manuel Bandeira. São Paulo: Ática, 1998.

GARDEL, André. *O encontro entre Bandeira e Sinhô.* Rio de Janeiro: Secretaria Municipal de Cultura/ Departamento Geral de Documentação e Informação Cultural/Divisão de Editoração, 1996.

GOLDSTEIN, Norma Seltzer. *Do penumbrismo ao Modernismo:* o primeiro Bandeira e outros poetas significativos. São Paulo: Ática, 1983.

_____ (Org.). *Traços marcantes no percurso poético de Manuel Bandeira.* São Paulo: Humanitas, 2005.

GOYANNA, Flávia Jardim Ferraz. *O lirismo antirromântico em Manuel Bandeira.* Recife: Fundarpe, 1994.

GRIECO, Agrippino. Manuel Bandeira. In: _____. *Poetas e prosadores do Brasil:* de Gregório de Matos a Guimarães Rosa. Rio de Janeiro: Conquista, 1968.

GUIMARÃES, Júlio Castañon. *Manuel Bandeira:* beco e alumbramento. São Paulo: Brasiliense, 1984.

_____. *Por que ler Manuel Bandeira.* São Paulo: Globo, 2008.

IVO, Lêdo. *A república da desilusão:* ensaios. Rio de Janeiro: Topbooks, 1994.

_____. Estrela de Manuel. In: _____. *Poesia observada:* ensaios sobre a criação poética e matérias afins. 2. ed. São Paulo: Duas Cidades, 1978.

_____. *O preto no branco:* exegese de um poema de Manuel Bandeira. Rio de Janeiro: São José, 1955.

JUNQUEIRA, Ivan. Humildade, paixão e morte. In: _____. *Prosa dispersa:* ensaios. Rio de Janeiro: Topbooks, 1991.

_____. *Testamento de Pasárgada.* Rio de Janeiro: Nova Fronteira, 1980. 2. ed. revista, 2003.

KOSHIYAMA, Jorge. O lirismo em si mesmo: leitura de "Poética" de Manuel Bandeira. In: BOSI, Alfredo (Org.). *Leitura de poesia.* São Paulo: Ática, 1996.

LIMA, Rocha. *Dois momentos da poesia de Manuel Bandeira.* Rio de Janeiro: José Olympio, 1992.

LOPEZ, Telê Porto Ancona (Org.). *Manuel Bandeira:* verso e reverso. São Paulo: T. A. Queiroz, 1987.

MARTINS, Wilson. Bandeira e Drummond... In: _____. *Pontos de vista:* crítica literária 1954-1955. São Paulo: T. A. Queiroz, 1991. v. 1.

_____. Manuel Bandeira. In: _____. *A literatura brasileira:* o Modernismo. São Paulo: Cultrix, 1965. v. 6.

MERQUIOR, José Guilherme. O Modernismo e três dos seus poetas. In: _____. *Crítica 1964-1989:* ensaios sobre arte e literatura. Rio de Janeiro: Nova Fronteira, 1990.

MILLIET, Sérgio. *Panorama da moderna poesia brasileira.* Rio de Janeiro: Ministério da Educação e Saúde/ Serviço de Documentação, 1952.

MONTEIRO, Adolfo Casais. *Manuel Bandeira.* Rio de Janeiro: Ministério da Educação e Cultura/Serviço de Documentação, 1958.

MORAES, Emanuel de. *Manuel Bandeira:* análise e interpretação literária. Rio de Janeiro: José Olympio, 1962.

MOURA, Murilo Marcondes de. *Manuel Bandeira*. São Paulo: Publifolha, 2001.

MURICY, Andrade. Manuel Bandeira. In: _____. *A nova literatura brasileira:* crítica e antologia. Porto Alegre: Globo, 1936.

_____. Manuel Bandeira. In: _____. *Panorama do movimento simbolista brasileiro*. 2. ed. Brasília: Conselho Federal de Cultura/Instituto Nacional do Livro, 1973. v. 2.

PAES, José Paulo. Bandeira tradutor ou o esquizofrênico incompleto. In: _____. *Armazém literário:* ensaios. São Paulo: Companhia das Letras, 2008.

_____. Pulmões feitos coração. In: _____. *Os perigos da poesia e outros ensaios*. Rio de Janeiro: Topbooks, 1997.

PONTIERO, Giovanni. *Manuel Bandeira:* visão geral de sua obra. Tradução de Terezinha Prado Galante. Rio de Janeiro: José Olympio, 1986.

ROSENBAUM, Yudith. *Manuel Bandeira:* uma poesia da ausência. São Paulo: Edusp; Rio de Janeiro: Imago, 1993.

SENNA, Homero. Viagem a Pasárgada. In: _____. *República das letras:* 20 entrevistas com escritores. 2. ed. revista e ampliada, Rio de Janeiro: Gráfica Olímpica, 1968.

SILVA, Alberto da Costa e. Lembranças de um encontro. In: _____. *O pardal na janela*. Rio de Janeiro: Academia Brasileira de Letras, 2002.

SILVA, Beatriz Folly e; LESSA, Maria Eduarda de Almeida Vianna. *Inventário do arquivo Manuel Bandeira*. Rio de Janeiro: Fundação Casa de Rui Barbosa, 1989.

SILVA, Maximiano de Carvalho e. *Homenagem a Manuel Bandeira:* 1986-1988. Niterói: Sociedade Sousa da Silveira; Rio de Janeiro: Monteiro Aranha/Presença, 1989.

SILVEIRA, Joel. Manuel Bandeira, 13 de março de 1966, em Teresópolis: "Venham ver! A vaca está comendo as flores do Rodriguinho. Não vai sobrar uma. Que beleza!". In: _____. *A milésima segunda noite da avenida Paulista e outras reportagens*. São Paulo: Companhia das Letras, 2003.

VILLAÇA, Antonio Carlos. M. B. In: _____. *Encontros*. Rio de Janeiro/Brasília: Editora Brasília, 1974.

_____. Manuel, Manu. In: _____. *Diário de Faxinal do Céu*. Rio de Janeiro: Lacerda, 1998.

XAVIER, Elódia F. (Org.). *Manuel Bandeira:* 1886-1986. Rio de Janeiro: UFRJ/Antares, 1986.

XAVIER, Jairo José. *Camões e Manuel Bandeira*. Rio de Janeiro: Ministério da Educação e Cultura/ Departamento de Assuntos Culturais, 1973.

Índice de primeiros versos

a	139
A ONDA	153
A poesia é o teu voo	67
A proa reta abre no oceano	49
A vida	101
A vida é um milagre.	159
alarido ferro	137
Amei Antônia de maneira insensata.	43
Anteontem, minha gente,	115
Antônio, filho de JOÃO MANUEL GONÇALVES DIAS e	145
Ao deitar-me para a dormida,	81
Aqui é tudo o que olhamos	75
aurea aurora aureliana	151
Bem que filho do Norte,	163
constant	143
Da América infeliz porção mais doente,	53
De onde me veio esse tremor de ninho	37
Depois de morto, quando eu chegar ao outro mundo,	165
dever	155
Dorme, dorme, dorme...	21
É um crucifixo de marfim	167
Estavas bem mudado.	25
Estranha volta ao lar naquele dia!	33
Fim de tarde.	23

FLABELA	149
Há que tempo que não te vejo!	87
Irmã – que outra expressão, por mais que a tente	89
Joaquim, a vontade do Senhor é às vezes difícil de aceitar.	39
– Juriti-pepena,	31
Louvo o Padre, louvo o Filho	123
Louvo o Padre, louvo o Filho	129
Louvo o Padre, louvo o Filho	131
Louvo o Padre, louvo o Filho	133
Louvo o Padre, louvo o Filho,	111
Louvo o Padre, louvo o Filho,	113
Louvo o Padre, louvo o Filho,	119
Louvo o Padre, louvo o Filho,	125
MAMniomar	141
Meu caro Rui Ribeiro Couto, a mocidade	71
Meu tudo, minha amada e minha amiga,	77
Meus amigos, meus inimigos,	79
Minha grande ternura	93
Montanha e chão. Neve e lava.	91
Na calada	73
Não é que não me fales aos sentidos,	161
Não me matarei, meus amigos.	97
Não pairas mais aqui. Sei que distante	55
Nesta estrada tão áspera que trilho	169
No balanço das águas,	47
O amor disse-me adeus, e eu disse: "Adeus,	95
"Ó Poesia! Ó mãe moribunda!"	121

O teu seio que em minha mão 65

Ovalle, irmãozinho, diz, *du sein de Dieu où tu reposes*, 51

Por ser quem era e filho de quem era, 83

Quando a moça lhe estendeu a boca 99

Quando em torno de nós raiva o funesto 85

Quando estás vestida, 69

Quando olhada de face, era um abril. 59

Querem outros muito dinheiro; 127

Seis meses passados sobre 27

Settembre. Andiamo. È tempo di migrare. 45

Só o passado verdadeiramente nos pertence. 63

Teu corpo dúbio, irresoluto 105

Teu corpo moreno 107

Teus pés são voluptuosos: é por isso 35

Um dia pensei um poema para Maísa 117

Vejo mares tranquilos, que repousam, 41

Vida que morre e que subsiste 61

– Você me conhece? 57

Índice

Por fim, mais luz – *Davi Arrigucci Jr.*	15
ESTRELA DA TARDE	19
Acalanto	21
Satélite	23
Ovalle	25
A anunciação	27
Letra para Heitor dos Prazeres	31
A ninfa	33
Ad instar Delphini	35
Vita nuova	37
Versos para Joaquim	39
Variações sérias em forma de soneto	41
Antônia	43
Passeio em São Paulo	45
Embalo	47
A lua	49
Elegia de Londres	51
Mal sem mudança	53
Sonho branco	55
Mascarada	57
Peregrinação	59
Entrevista	61
Passado, presente e futuro	63
Seio	65
Paulo Gomide	67
Nu	69
Elegia para Rui Ribeiro Couto	71
O fauno	73
Mensagem do além	75
Soneto sonhado	77
Poema do mais triste maio	79
Natal 64	81

Improviso	83
Sua Santidade Paulo VI	85
Recife	87
Irmã	89
Ariesphinx	91
Minha grande ternura	93
Adeus, Amor	95
Canção do suicida	97
O beijo	99
Antologia	101
DUAS CANÇÕES DO TEMPO DO BECO	103
Primeira canção do beco	105
Segunda canção do beco	107
LOUVAÇÕES	109
Louvado	111
Rachel de Queiroz	113
Cantadores do Nordeste	115
Maísa	117
Carlos Drummond de Andrade	119
Guilherme de Almeida	121
Louvação de Adalardo	123
Luís Jardim	125
Balada para Isabel	127
Rio de Janeiro	129
Louvado para Daniel	131
Louvado do centenário de Iracema	133
COMPOSIÇÕES	135
Azulejo	137
Rosa tumultuada	139
Homenagem a Niomar	141
Homenagem a Constant Tonegaru	143
O nome em si	145
PONTEIOS	147
Flabela	149
Analianeliana	151
A onda	153
Verde-negro	155

PREPARAÇÃO PARA A MORTE 157
Preparação para a morte 159
Vontade de morrer 161
Canção para a minha morte 163
Programa para depois de minha morte 165
O crucifixo 167
A Lourdes 169

Cronologia 171
Bibliografia básica sobre Manuel Bandeira 177
Índice de primeiros versos 183

O miolo deste livro foi impresso com papel Chambril Avena 80 gr/m²
cedido pela **INTERNATIONAL** 🄰 **PAPER** do Brasil para a
Global Editora no inverno de 2012.